Liebe Eltern, liebe Erzieher,

nie lernt der Mensch schneller als vor der Schulzeit. In diesem Lebensabschnitt entwickeln sich die grundlegenden geistigen und motorischen Fertigkeiten. Das Magnetkonzept in diesem Buch eignet sich hervorragend, um Ihr Kind spielerisch zu fördern und seine Entwicklung zu unterstützen. Trainiert werden neben dem logischen Denken vor allem folgende Bereiche:

- die Konzentrationsfähigkeit
- das Wahrnehmungsvermögen
- die feinmotorischen Fähigkeiten

Damit wird Ihr Kind optimal auf die Vorschulzeit vorbereitet.

W0217716

So funktioniert das Magnetobuch

1. Schlage das Buch hinten auf, entnimm die Seite mit den Magnetplättchen und trenne sie vorsichtig heraus.

2. So funktioniert der Magneteffekt: Klappe die hintere Umschlagklappe unter eine rechte Seite – dadurch wird sie magnetisch.

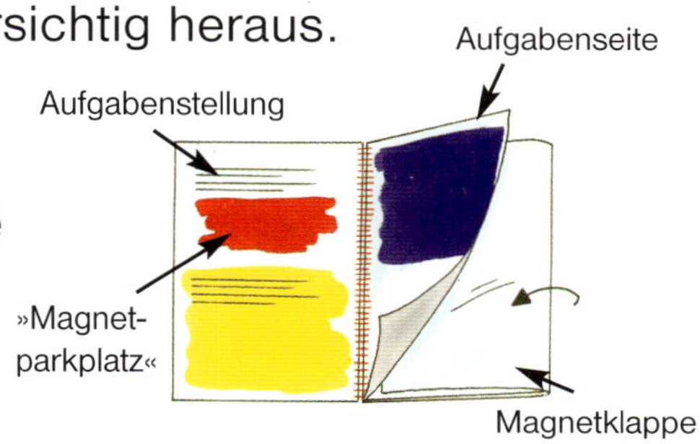

3. Lege die angegebenen Magnete auf dem »Magnetparkplatz« bereit und löse die Aufgaben auf der rechten Seite, indem du die Magnete auf die Lösungsfelder legst.

4. Zur Lösungskontrolle klappst du die vordere Umschlagklappe auf und vergleichst deine Lösung mit der dort abgedruckten.

5. Jetzt kannst du zur nächsten Seite blättern und die Schritte 2 bis 4 wiederholen. Nach dem Spielen kannst du die Magnetplättchen einfach auf der Magnetklappe aufbewahren.

Viel Spaß!

Was ist hier falsch?

Lina wacht auf und streckt sich. Oder träumt sie noch? Was ist denn in ihrem Zimmer los? Wenn du genau hinschaust, kannst du 4 Dinge entdecken, die du in keinem normalen Kinderzimmer antriffst. Lege auf jeden falschen Gegenstand einen der 4 bunten Magnetpunkte, die du dir vorher unten neben dem Schaukelpferd zurechtgelegt hast.

Welche Hose gehört zu Linas Schlafanzug-Oberteil? Lege ein Magnet-Lachgesicht auf das Lösungsfeld in der richtigen Farbe.

Wie ist die Reihenfolge?

Auch bei Linas Freund Leo heißt es: »Raus aus dem Bett und anziehen!« Auf der rechten Seite siehst du 6 Bilder von Leo. Leider ist die Reihenfolge durcheinandergeraten. Lege die Magnetwürfel von bis in die Felder mit den Fragezeichen und zeige so die richtige Reihenfolge beim Anziehen an.

Wo hat sich Leos zweite Socke versteckt? Lege das Lachgesicht entweder auf das Lösungsfeld für 1, 2 oder 3.

Was kommt woher?

»Hurra, Frühstück!« Auf dem Tisch stehen viele leckere Sachen. Weißt du, woher die einzelnen Lebensmittel stammen? Lege gleichfarbige Punkte auf die jeweils zusammengehörenden Bilder. Achtung: Zur Kuh gehören sogar drei Lebensmittel!

Die Hühner haben genau so viele Eier gelegt, wie sie Würfelaugen haben. Welche Eier gehören zu welchem Huhn? Lege die passenden Zahlenmagnete auf die Eier.

Milch

Schau genau!

Auf dem Weg zum Kindergarten sehen Lina und ihr Vater viele Hunde. Einige von ihnen sehen sich sehr ähnlich. Findest du die Hunde von Linas Opa, ihrer Tante, ihrem Freund Timo und ihrer Nachbarin Frau Bosch? Lege passend zur farbigen Umrandung der Bilder die Magnetpunkte auf die Hunde.

Ein Kind nach dem anderen kommt im Kindergarten an. Welches Bild ist das nächste? Lege ein Lachgesicht darauf.

Was gehört zusammen?

Im Kindergarten erzählen sich die Kinder, was sie am Wochenende gemacht haben. Welche zwei Bilder gehören jeweils zusammen? Lege gleichfarbige Magnetpunkte auf die Bildpaare.

Schau dir das Muster unten genau an. Welches Bild gehört in das freie Feld? Lege ein Lachgesicht darauf.

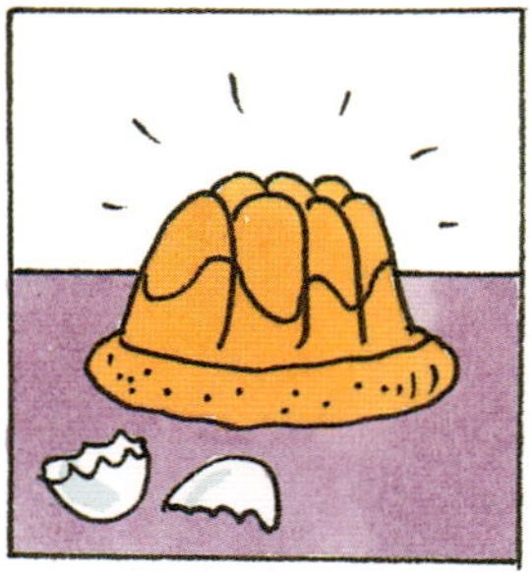

Finde das Gegenteil!

Die Erzieherin Frau Michael erklärt das neue Gegensatz-Memospiel. Bei diesem Spiel gehören immer zwei Karten zusammen, die Gegensätze zeigen. Kannst du die zwei passenden Karten jeweils mit gleichfarbigen Magnetpunkten belegen?

Hier siehst du Leo und Lina beim Memospiel von vorn. Welches der drei kleinen Bilder zeigt sie von hinten? Lege ein Lachgesicht darauf.

Was gehört nicht dazu?

Zum Mittagessen gibt es im Kindergarten Reis mit einer Gemüsesoße. Auf der rechten Seite siehst du Lebensmittel, die zu einer Gruppe gehören, in Reihen sortiert. In jede Reihe hat sich aber etwas eingeschlichen, was nicht dazugehört. Lege jeweils einen farbigen Magnetpunkt darauf.

Vor dem Mittagessen hat Lina einen Stern ausgeschnitten. Welches der drei Blätter hat sie in den Papiermüll weggeworfen? Lege das Lachgesicht darauf.

Finde den Zwilling!

Es hat geregnet. Macht nichts: Jetzt geht's trotzdem nach draußen. Jedes Kind sucht seinen zweiten Gummistiefel. Stehen sie im grünen oder im orangefarbenen Regal? Lege den jeweils passenden Farbpunkt in die Lösungsfelder.

Wenn es bei Sonnenschein regnet, kann man einen Regenbogen am Himmel sehen. Wie sieht der aus? Lege ein Lachgesicht auf das richtige Bild.

Wie viele sind es?

Wie viele Spielzeuge von jeder Sorte siehst du rechts im Bild? Lege Magnetwürfel in die Lösungsfelder.

Beim Himmel-und-Hölle-Spiel haben die Kinder eine Zahl noch nicht aufgemalt. Welche Zahl gehört ins leere Kästchen? Lege das Lachgesicht rechts auf die richtige Lösung.

4
6
3
?
?
?
?
?

Was verbirgt sich darunter?

Nachmittags sind Lina und Leo auf einem Geburtstag eingeladen. Jedes Kind hat ein Geschenk mitgebracht. Was ist in den Päckchen? Lege auf das ausgepackte Geschenk je einen Magnetpunkt in der Farbe des Geschenkpapiers.

Das Geburtstagskind freut sich über die schönen Geschenke. Welches Puzzleteil passt in das Bild? Lege das Lachgesicht darauf.

Suche die Fehler!

Hier siehst du zweimal dasselbe Foto vom Geburtstag. Dasselbe? Nicht ganz, denn im zweiten sind 6 Fehler versteckt. Entdeckst du alle? Markiere die Fehler im unteren Bild mit Magnetpunkten.

Annas Oma führt ein Kasperle-Theaterstück auf. Wer hilft dem Kasperle, die entführte Prinzessin zu finden? Lege das Lachgesicht auf die richtige Lösung.

Was passt?

Beim Topfschlagen sind kleine Schlüsselanhänger in Tierform als Gewinn unterm Topf versteckt. Kannst du an den Schwänzen erkennen, welches Tier unter welchem Topf liegt? Lege die passenden Magnetpunkte in der Farbe des Topfes rechts in der Mitte auf die Lösungsfelder.

Es gibt köstliche Dinge zu essen und zu trinken. Wovon ist noch am meisten da? Lege das Lachgesicht auf die richtige Lösung.

Welche Form fehlt?

Die Gäste bekommen eine Überraschungstüte mit auf den Nachhauseweg. Die Tüten sind mit unterschiedlichen Formen geschmückt. Aber auf jeder Tüte fehlt eine der Formen, die du unten siehst. Welche ist es? Lege die fehlende Form auf jede Tüte.

Auf dem Nachhauseweg hinterlässt eines der Kinder seinen Fußabdruck in einer Matschpfütze. Leo oder Lina? Lege das Lachgesicht ins richtige Lösungsfeld.

Wie sehen die Streifen aus?

Zu Hause angekommen geht bei allen Familien sofort das Gute-Nacht-Programm los. Leo, Lina und ihre Geschwister haben ihre Schlafanzüge und Nachthemden schon angezogen. Bei jedem fehlt ein farbiger Streifen. Welche Farbe muss er haben? Lege den richtigen Farbpunkt ins Lösungskästchen.

Lina guckt beim Zähneputzen in den Spiegel. Welches ist ihr richtiges Spiegelbild? Lege ein Lachgesicht auf die richtige Zahl.

?
?
?
?
1
2

Welchen Buchstaben hörst du?

Leo und Lina liegen jeweils mit 5 Kuscheltieren im Bett. Lustigerweise fangen 4 von 5 Tieren in jedem Bett mit dem gleichen Buchstaben an. Sprich die Namen aller Tiere laut aus und finde so das eine Tier in jedem Bett, das anders beginnt. Kennzeichne es mit einem Punkt.

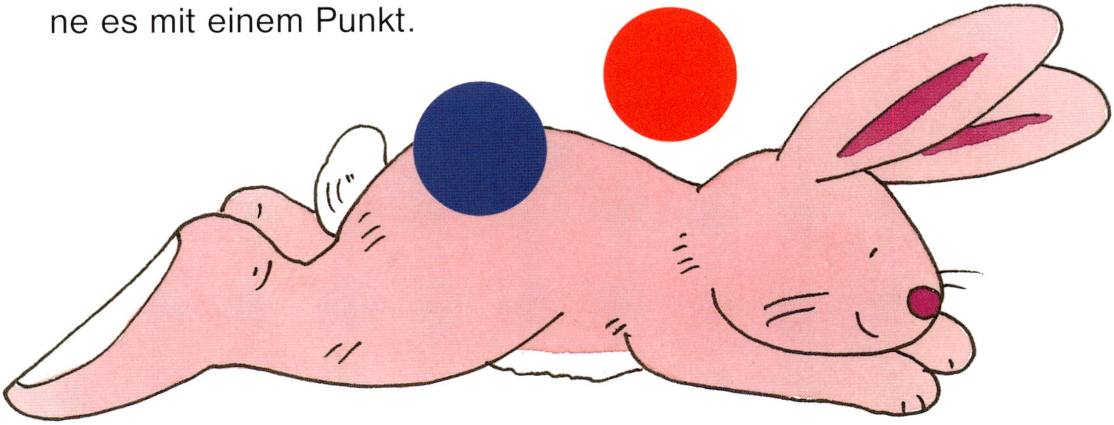

Beide Kinder müssen zum Einschlafen nicht lange Schäfchen zählen. Findest du unter allen Schafen das Schaf, das ein klein bisschen anders aussieht als all die anderen? Steht es in Reihe 1, 2 oder 3? Lege das Lachgesicht auf die richtige Zahl.

1

2

3

Noch mehr Logikspaß

Über die Beschäftigung mit den Magneten hinaus können Sie Ihr Kind mit kleinen Spielen im Alltag dabei unterstützen, logisches Denken zu trainieren, und seine Konzentrationsfähigkeit fördern.

Krummer Hund

Dieses Spiel funktioniert ohne Papier und Stift und kann überall gespielt werden. Sie sagen eine Eigenschaft und Ihr Kind soll das Gegenteil finden. Mit dem Hund wird's noch lustiger:
großer Hund – kleiner Hund
schwarzer Hund – weißer Hund
nasser Hund – trockener Hund
krummer Hund – ...

Was passiert dann?

Geschichten erzählen schult nicht nur die Fantasie, sondern auch das logische Denken. Geben Sie den Anfang einer Mini-Alltags-Geschichte vor, die von Ihrem Kind weitererzählt wird. Lassen Sie Ihr Kind einen eigenen Erzählweg gehen, auch wenn er nicht genau Ihre Erwartung trifft. Beispiel für einen Anfang: »Als ich neulich aus der Haustür kam, sah ich den kleinen Hund von Frau Klein auf den Bach zurennen. Die Leine schleifte hinterher ...«

Treffen sich zwei Hunde ...

Zahlenreihen lassen sich spielerisch üben, wenn Sie die ohnehin vorhandene Zählfreude der Kinder mit bildlichen Szenarien unterstützen: »Treffen sich zwei Hunde und rennen einem roten Ball hinterher. Kommen noch zwei dazu. Wie viele Hunde rennen nun dem Ball nach?«

Was gehört zusammen?

Es ist wichtig, dass Kinder in der Lage sind, Dinge einzelnen Gruppen zuzuordnen. Das können Sie üben, indem Sie Ihrem Kind vier Dinge nennen, von denen aber nur drei zusammengehören. Es soll nun herausfinden, was nicht dazupasst. Dabei wird es spielerisch den Oberbegriff herausfinden. Beispiele:
Stuhl, Tisch, Bett, *Baum* (Möbel)
Kuh, Pferd, Hund, *Krokodil* (Bauernhoftiere)
Weitere bewährte Oberbegriffe: Obst, Gemüse, Lebensmittel, Kleidung, Pflanzen